PARAPHRASE

SUR LES PSEAUMES

DE DAVID,

Que l'Eglise employe à l'Office de
la Semaine Sainte & de Pâques.

*Par M. DE CLAVIGNY, Chanoine
de la Cathedrale de Nantes, & Abbé
de Gondon.*

A CAEN,
Chez Jean Cavelier, Imprimeur du
Roy & de l'Université.

M. DC. LXXXIII.
Avec Approbation.

A LA REYNE.

MADAME.

Permettés moy d'avoir
l'honneur de presenter à vô-

tre Majesté cette Tradu-
ction de quelques Pseaumes
de David ; le Ciel a voulu
qu'un Roy donnast à la
priere le caractere d'humilité
qu'il y desire, afin que les
Hommes apprissent la sou-
mission qu'ils doivent à
Dieu dans celle que les Puissances souveraines luy rendent ; & que les Roys vis-
sent qu'il n'est point de grandeur qui ne disparoisse devant la sienne, ny de force
sur la terre qui puisse tirer

l'homme du besoin de sa misericorde.

Cette maniere si abaissée
de prier Dieu ne vous sur-
prendra pas, MADAME,
vous estes à tout moment à
ses pieds, la hauteur du
Trône ne sert qu'à rendre
vôtre humilité plus profon-
de; & toute vôtre vie est
si appliquée à sa gloire,
qu'on ne doute pas que
vous ne meritiés par la reconnoissance continuelle que
vous luy faites, les gra-

ces que vous en avés reçû.

Cette pieté, MADAME,
est un grand titre pour vous
acquerir le respect de tous les
Hommes ; elle donne le merite aux vertus, & c'est à
elle de les rendre veritables
& constantes ; car la force
qu'elles peuvent tirer du
cœur de l'homme est foible.
Comme vous joignés la
sainteté à la grandeur, je
vois en vôtre Majesté l'état
le plus élevé de la nature ;
faites moy aussi l'honneur

de croire que j'ay toute la
veneration possible pour elle,
& que je suis avec l'extrême
respect qui est deu à la plus
grande & la plus juste
Princesse du Monde,

MADAME,

Vôtre tres humble, tres obeïssant,
& tres fidelle Serviteur & Sujet,
DE CLAVIGNY.

AVERTISSEMENT.

Comme l'Eglise se sert deux fois pendant les Tenebres de quelques uns des mémes Pseaumes, j'ay crû que c'étoit assés de marquer les lieux de cette Traduction où l'on pourroit les trouver, sans en faire une repetition : le Pseaume second du jour de Paques est au premier Nocturne du Vendredy, & le dernier du premier Nocturne du Dimanche & le premier du second sont au premier Nocturne du Samedy ; le second Pseaume du premier Nocturne du Samedy est le troisiéme du premier Nocturne du Vendredy, & le second Pseaume du troisiéme Nocturne du Samedy est le second du troisiéme Nocturne du Jeudy.

PARAPHRASE

SUR LES PSEAUMES

DE DAVID,

Que l'Eglise employe à l'Office
de la semaine Sainte.

LE JEUDI.

PREMIER NOCTURNE.

Pseaume 68.

ASSISTÉS moy, Sei-
gneur, engagé dans
un goufre profond;
j'abîme, & je ne trouve rien
qui me soûtienne ; je vois

le calme de la mer, j'y vas
chercher mes assurances;
l'inconstante agitée de la
tempeste m'ensevelit dans
les eaux; du centre des elemens je crie de toute ma
force, mes plaintes ne peuvent se faire entendre; je
n'ay de consolation que
celle que me donne l'es-
perance, mais l'accroisse-
ment du mal que je souf-
fre au moment que j'espere,
me fait sentir que je ne dois
rien attendre de votre misericorde; & que si mon
ame affligée ne peut s'empêcher d'esperer le soulage-

ment qu'elle defire, l'indi-
gnité de mon peché ne luy
permet pas de recevoir ce
que fes defirs la forcent
d'efperer.

O Dieu d'Ifraël, qui of-
fenfé de nos crimes, avés la
bonté de regarder fur la
foibleffe qui les commet;
voyés mon déplaifir, &
foulagés promptement la
triftesse qui me met à vos
pieds, vous qui ne puniffés,
qu'aprés une longue atten-
te, le peché qui vous a ou-
tragé.

Mais pour voir le merite
de ma priere, regardés, Sei-

gneur , jusqu'au fond de
mon ame ; ce sera dans ses
ressentimens que vous ap-
prendrés l'excés des maux
qu'on m'a faits , la confusion qu'ils me donnent , &
l'obeissance que j'ay pour
votre justice.

Pseaume 68.

VOtre protection, Sei-
gneur , contre mes
ennemis ; ils en veulent à
mon innocence, & me font
porter la peine du peché
que je n'ay pas commis ; la
vertu est sans merite & sans
gloire pour moy. Revêtu

du cilice & confommé de
la faim d'un jeufne rigou-
reux , ils accufent ma fin-
cerité, & blâment la peni-
tence que je fais de mon
crime.

Seigneur, je fouffre avec
foumiffion , mais ceux qui
vous honorent me voyans
devoré de la cruauté de
vos ennemis , pour avoir
été attaché à votre gloire
d'un zele fidéle, rougiffent
de voir la honte, que merite
l'impieté, tomber fur ceux
qui la combattent. Pour
moy je cheris ma fouffran-
ce : c'eft à elle de me ren-

dre l'innocence que j'ay
perduë ; mais si le temps au-
quel on endure, est celuy de
vous plaire, j'espere que la
patience avec laquelle je
soufriray, m'obtiendra les
graces que je n'ay pû meriter par mes prieres.

Pseaume 68.

SAuvés moy, Seigneur,
je suis abandonné, mon
affliction irrite mes amis,
& ceux que je reclame ne
m'offrent que le fiel & l'a-
mertume ; s'il est permis à
un cœur fidéle qui souffre
constamment, de souhaiter

voir la justice triompher de l'iniquité des pecheurs; ne puiſſent-ils trouver que de l'ingratitude dans le cœur de l'homme : répandés les tenebres ſur leurs yeux, & courbés leurs os pour avoir ajoûté la cruauté à ma peine ; mais vivés de plaiſir & de joye, eſprits juſtes, qui vous eſtes intereſſés dans ma ſouffrance, & avés porté le cœur de Dieu à écouter la voix de ſon martir, le tirer des abiſmes, & ſauver du naufrage ; que toute la nature ne ſoit oc-cupée que de ſa gloire, puiſ-

qu'il a eu pitié de Jeru-
salem , & bâti des cités à
Juda, qui passeront à leurs
heritiers , pour joindre
l'éternité à ses faveurs.

Pseaume 69.

SEigneur , venés prom-
ptement me secourir;
que mes persecuteurs abandonnés à la honte que me-
rite leur offense , tombent
sur la poussiere, & sentent la
foiblesse de la mort; ma colere est innocente , je ne
souhaite la vengeance de
mes ennemis , que pour
voir la justice triompher

du peché, & les Saints qui
vous aiment, se réjoüir de
votre gloire. Pour moy
qui suis abandonné au tourment, je me contente de
la joye que donne l'espe-
rance qui vous engage les
cœurs, & fait d'un Dieu
infini, mon Sauveur &
mon secours.

Pseaume 70.

SEigneur, j'ay esperé dés
le sein de ma mere;
mon esperance a commen-
cé avec ma vie, & je me
suis trouvé assûré de votre
secours aussitôt que j'en ay

senti le besoin ; car mon
Dieu on doit se tenir cer-
tain de ce qu'on vous de-
mande, quand vous le laissés esperer, puisque l'espoir
que vous donnés à un cœur
affligé, est un gage de votre amour ; ainsi dans les
penibles momens où vous
semblés m'abandonner, je
vous crois mon protecteur,
& les maux que je souffre
ne sçauroient affoiblir ma
confiance ; je fais des vœux
& chante des Cantiques au
milieu du tourment, mais
Seigneur, ma reconnois-
sance est au dessus de mes

forces ; fourniſſés à mon
zéle des loüanges qui l'oc-
cupent & le jour & la nuit.

Pſeaume 70.

C'Eſt aſſés de conſola-
tion dans ſes peines
que d'eſperer, & je crois,
Seigneur, que vous ne ſouf-
frirés pas que la confiance
qui honore votre bonté,
ſoit trompée de l'appuy
qu'elle s'en fait ; écoutés
donc ma voix, panchés le
cœur, & me tirés de la main
cruelle de mes ennemis.
Vous m'avés protegé dés le
ſein de ma mere, & il me

semble que vous ne sçau-
riés entendre mes plaintes
sans vouloir me secourir :
ressouvenés vous que c'est
de cette confiance que mon
esprit tient sa constance &
sa force ; ne m'abandonnés
pas à la foiblesse , je suis
juste , mais je manque de
connoissance pour me dé-
fendre contre la calomnie ;
je laisse à votre justice la
protection de mon inno-
cence. Si vous daignés me
secourir , je ne chanteray
que votre gloire, & annon-
ceray la force de vos bras
dans ses hautes merveilles

aux generations qui sui-
vront, pour attacher leur
espoir & leur amour à vo-
tre seule grandeur.

Pseaume 70.

AQuelles rigueurs,
mon Dieu, exposés
vous ma constance, & que
me faites vous paroître de
miseres, mais je ne dois
rien craindre ; ne m'avés
vous pas sauvé des abîmes
d'où je vous ay reclamé,
rendu la vie, & tiré com-
me une seconde fois du
néant ? Que je vous suis
obligé, Seigneur, mon res-

sentiment qui est extrême,
me fait paroître vos fa-
veurs , comme des efforts
de votre magnificence :
aussi ne sçaurois-je plus
aymer que vous ; il me semble, que mon cœur est tiré
du votre ; & mon ame deli-
vrée du tourment , abaissée
à vos pieds avec ceux qui
l'ont persecutée, meditant
le jour & la nuit sur vos
grandeurs , se propose de
ne parler jamais de vous,
qu'avec joye & cantiques.

II. NOCTURNE.

Pseaume 71.

Dieu, qui soumettés la justice à la clemence des Roys, & obligés leurs enfans de juger selon la loy, faites grace à l'humilité, & justice à l'orgueil ; élevant la bassesse, & abaissant la hauteur, vous serés reconnû pour le Dieu du Soleil, & le maistre des temps ; votre pouvoir accompagné de la justice paroîtra dans toute sa force, on joüira de l'abondance avec la felicité, tant que les Cieux dureront ; vous commanderés des bords d'une mer à l'autre, vos ennemis étendus sur la poussiére, & les Roys prosternés sous l'adoration, tous les Peuples se rangeront à l'heureuse servitude d'un Dieu qui peut delivrer les foibles, & rendre son nom redoutable à l'opprobre de la fiére grandeur ; votre puissance enfin sera établie sur la hauteur des montagnes, & votre gloire se fera voir au dessus des cedres du Liban. Que ce

nom

nom glorieux puisse-t-il
avoir été connû avant la
lumiere , & qu'il ne soit
d'honneur que pour luy ;
soyés béni , puissant Dieu
d'Israël, qui ne faites que
des prodiges : que votre
grandeur soit adorée de
tous les hommes : qu'on
voye l'Univers couvert de
la plénitude de votre Ma-
jesté ; & que des hautes
montagnes puissiés vous
nous envoyer la paix, que
la miséricorde porte toû-
jours avec elle.

B

Pseaume 72.

QUe le Dieu d'Israël
est bon, il voit pa-
tiemment la felicité du
pecheur qui l'offense, la
guérison de ses playes, &
le succés de ses crimes ;
vous semblés, Seigneur,
favoriser son ingratitude,
car il possede les biens,
joüit de l'abondance, &
ne sent pas la misere des
autres hommes. Vos gra-
ces qui devroient attirer
son cœur, l'entretiennent
dans le mépris, & de son
crime impuni il passe à l'im-

pieté ; le malheureux perd
la connoissance de la justice dans la miséricorde qui
luy pardonne, & la pa-
tience qu'il devroit ado-
rer, ne sert qu'à le faire
douter de la puissance de
son Dieu ; il vous abaisse
sous le blasphéme, vous
attaque dans les Cieux, &
croit que votre esprit ne
descend point sur la terre.

Vous semblés méme n'a-
voir point de reconnois-
sance pour les vertus, cette
conduite acheve de trou-
bler ma foy : c'est donc
en vain dis-je en moy-

méme , que j'aime l'inno-
cence , & que je ven-
ge sur mon propre cœur
de la main qui l'anime , le
peché qu'il a commis. Seigneur , je ne connoîtray
jamais les misteres de votre misericorde, que quand
je seray dans le Sanctuaire
eternel.

Le plaisir du pecheur a
fini avec sa vie , il est passé
dans la malheureuse eter-
nité, & n'a commencé de
vivre que quand il a cessé
d'être heureux ; mais vous
tenés la main du juste , &
le conduisés selon votre

cœur : j'espere tout de luy,
mon corps est mortel, chaque jour diminuë ma vie ; la mort toutefois n'est que pour ceux qui s'éloignent de vous. Pour moy je fais ma felicité de vous aimer, & de publier votre gloire aux portes des filles de Sion.

Pseausme 73.

VOus me rebutés, Seigneur, & votre cœur paroist irrité contre le troupeau que vous avés choisi de tout temps : ressouvenés vous que ce qui est eternel

vous appartient, que vous
le rachéterés avec le sang,
que c'est votre heritage,
& qu'il vit sur la sainte
montagne de Sion, où vo-
tre Tabernacle est posé. Si
vous avés donc à lever le
bras, que ce soit sur l'orgueil du pecheur qui mé-
prise le saint, & prophane
vos Temples ; son impieté
semble vouloir abolir vo-
tre culte, & détruire ce
qui est à vous. Jusques à
quand, Seigneur, l'orgueil
impuni méprisera-t-il vo-
tre gloire ? aurés vous toûjours les mains dans le sein?

Dieu, qui estes mon Roy,
& qui du centre du Monde
avés merité mon salut, qui
donnés des forces à la mer,
brisés la teste du Dragon
dans ses eaux, & en nour-
rissés l'Africain ? Puissance
infinie, qui ouvrés la source
des fontaines, poussés les
torrens, deseichés les fleuves, éclairés le Soleil, &
conduisés l'Aurore : qui
estes le maître du jour &
de la nuit, du Printemps,
& de l'Esté : qui donnés la
force aux Elemens, & bor-
nés leur puissance ; il semble que votre misericorde

vous ait fait oublier que vous estes le Dieu des hommes, & ne vous laisse pas voir l'insolence du peché. Considerés que l'orgueil qui est votre ennemi, augmente par vos souffrances; prenés le parti de la justice, & paroissés en colere, juge de votre propre cause; mais ressouvenés vous dans la vengeance, du fidelle traité que vous avés fait avec vos adorateurs; & recevés à vos pieds un cœur humilié, sous la honte & la crainte.

III. NOCTURNE.

Pseaume 74.

ENfin , les Peuples vous adoreront, Seigneur , ils invoqueront votre nom, & publieront vos merveilles. Pour moy soûtenu de votre grace, j'éleveray ma vertu, si je puis, jusques à la sainteté, au dessus de l'innocence. Vous sçavés que j'ay averti le pecheur de s'humilier sous vos loix, la terre fondant, & les hommes qui l'habitent perissans avec elle. Je me suis sacrifié à leur secours, ils n'en peuvent esperer d'aucun lieu, du Levant, de l'Occident ny de la hauteur des montagnes. En ce jour les puissances seront sans force, car le Juge qui jugera est un Dieu couroucé, devant qui la grandeur disparoist; c'est luy qui fait dans le Monde le partage des peines & des plaisirs : il tient une coupe à la main, il la panche de toutes parts, sa liqueur est mélée, il y a de la douceur & de l'amertume, chaque pecheur en

goûte , & jamais ne la
vuide ; pour moy je veux
combatre l'orgueil , éta-
blir la justice , & relever
le culte du Dieu de Jacob.

Pseaume 75.

LE Dieu infini est re-
connû dans la Judée,
& son nom honoré du
Peuple d'Israel ; il habite
les terres de Sion , & la
paix qui le suit , laisse la
felicité dans les lieux où il
paroist. Il ne s'y trouve
point d'armes , il a rompu
l'arc & la fléche , l'épée &
le bouclier , le nom de la

guerre ne s'y entend jamais,
on n'y est éclairé que de la
lumiére qui sort des mon-
tagnes eternelles , & le
trouble est tout retiré dans
le cœur des pecheurs; mais
que leur inquiétude est
inutile , la vie s'évanoüit
comme le sommeil , & à
la mort leurs mains se trou-
veront vuides des biens où
leur cœur s'est trop attaché. En ce temps le juge-
ment fatal se fera entendre
du haut des Cieux, la terre
tremblera pour le pecheur,
& sera ferme sous les pieds
du juste. Je vous adore,

Seigneur, mon esprit vous
offre ses pensées, la pa-
role ne peut vous les dire;
c'est au silence de vous faire connoître l'admiration
qu'on à pour vous.

Pseaume 76.

J'Ay prié le Seigneur, il
a eu de l'attention à ma
voix, je l'ay cherché le jour
de ma tristesse, dans les
tenebres de la nuit, il s'est
heureusement trouvé sous
ma main; mon cœur af-
fligé ne vouloit plus de la
vie. Je me suis ressouvenu
de la bonté infinie de Dieu,

mon cœur a repris ses forces dans la confiance que
j'ay euë en sa misericorde;
j'ay repassé sur les premie-
res années de ma vie cri-
minelle , me representant
l'éternité qui luy succede-
ra , j'ay senti toute l'horreur que la crainte peut
donner ; mais quoy , ay-je
dit , le Dieu de l'homme
sera donc eternellement
irrité contre son peché ,
cette Misericorde aussi an-
cienne & plus écoutée que
la Justice, finira-t-elle pour
jamais ? ce grand Dieu ces-
sera-il d'être un Dieu cle-

ment, & peut-t-il renoncer
à la bonté qui deffend du
néant l'ouvrage de sa toute puiſſance? Alors je diray,
voicy un grand change-
ment à la droite du tres
haut ; & de ce coup la
colere l'emporte , & la
compaſſion cede à la ven-
geance.

J'ay medité ſur les actions
du Seigneur , & ay ſuivi
ſon eſprit dans la conduite
du Saint : il n'y a rien de
comparable à ſa bonté , il
fait de ſa miſericorde ſa
gloire & ſa grandeur ; c'eſt
elle dans les Cieux , qui

tient le Trône & exerce la
toute puissance , car elle
a sauvé des miseres du peché les enfans de Jacob &
de Joseph.

Il faut vous adorer , Seigneur, toute la nature nous
apprend que vous estes le
Dieu du Monde , la mer
reconnoist votre puissance,
& donne passage à vos
fléches ; les impenetrables
abîmes s'enfoncent devant
vous, & les nuées courent
dans l'air anonçans votre
gloire. N'est-ce pas encore
vous, Seigneur, que je dois
craindre ? on entend votre
col ere

colere quand le bruit du
tonnerre fait trembler les
montagnes , rien n'eſt terrible qui ne ſoit l'image
de la Juſtice eternelle , car
tout ce qui épouvente, me-
nace ceux qui vous offen-
ſent ; neanmoins, Seigneur,
vos conduites ſont douces,
& vos rigueurs ont des
attraits qui font des im-
preſſions ſur les cœurs, qui
n'y paroiſſent que comme
les traces d'un vaiſſeau ſur
les eaux de la mer ; ainſi
avés vous conduit vos Peuples ſous la main favorable
de Moyſe & d'Aaron.

C

LE VENDREDI SAINT.

I. Nocturne.

Pseaume 2.

POurquoy les Peuples en fureur font-ils tant de projets ; les puissances de la terre sont conjurées contre l'innocence du Seigneur, & de celuy qui porte son caractere, resolus de n'écouter plus les cris de la Justice, & d'en rompre les chaines ; mais le Dieu qui regne dans les Cieux, fait son

trône du Soleil , & repose
dans la lumiere ; le Sei-
gneur qui a élevé les montagnes & creusé les abîmes,
sans user de la force , les
confondra de la simple colere ; vous Seigneur , qui
estes établi de sa main le
Roy de la sainte montagne,
qui donnés par le miracle
de l'autorité à ses Loix :
vous à qui l'Eternel a dit,
vous estes mon fils, né du
sein de la toute puissance,
la felicité est attachée à votre cœur , & vos desirs
feront toûjours contens ;
je vous donne la souve-

raineté en partage, & la sou-
miſſion de l'Univers d'un
bout du Monde à l'autre ;
l'hôme ne ſentira point de
ſervitude dans cette obeïſ-
ſance , car étant né votre
creature, ſa volonté ne ſera
pas differente de vos loix.
Recônoiſſés puiſſances ſou-
veraines , que votre autorité reçoit ſes forces de la
ſienne, & que ſa main ſoû-
tient les couronnes qu'elle
a miſes ſur vos teſtes : obeïſ-
ſés le Sceptre à la main ;
plus on a de grandeur, plus
on luy appartient ; le trône
d'où vous commandés eſt

à luy ; n'abusés pas de sa puissance, car sa colere paroist soudainement , & le bonheur de la vie & de la mort n'est que pour ceux qui se rendent dignes des graces qu'ils ont reçûs de luy.

Pseaume 22.

SEigneur mon Dieu, jettés les yeux sur ma tristesse ; pourquoy m'avés vous abandonné ? mais helas, je ne dois rien attendre de vous , la distance est infinie de mon peché à l'innocence qui doit meriter mon salut ; je crie le jour & la nuit sans estre écouté, la Justice a éloigné votre cœur de mes plaintes , & ce cœur à la gloire d'Israël ne repose que dans celuy du juste : nos peres ont esperé en vous , ils ont esperé, & vous les avés secourus ; mais je ne puis confus de mon peché former une si heureuse esperance ; je ne m'estime qu'un ver , & suis un homme devenu l'opprobre de mon nom ; mais, Seigneur, vous m'avés tiré du flanc de ma mere, & de son sein je suis

tombé entre vos bras, puisque vous estes mon Dieu
dés le commencement de
mes jours ? ne dois-je pas
croire , que celuy qui m'a
donné la vie, me la conser-
veras; votre protection doit
paroistre, je suis environné
de taureaux : ce qui est de
plus cruel, me veut devo-
rer, répandu sur la terre
comme l'eau ; mon cœur
fondu, mes os dispersés, &
livré à la mort, je suis prest
d'être enseveli sous la poussiere. Les pecheurs ont
percé mes pieds & mes
mains, dépoüillé mes os, &

deshonoré ma vie : sauvés moy, Seigneur, de la colere des Lyons, ayés pitié de mon humilité ; vos faveurs ne seront pas inconnuës, je les publieray aux fidelles enfans de Jacob, qui craignent le Dieu tout puissant ; je leur diray, benissés le Seigneur, illustre & sainte posterité d'Israël, n'offensés pas le juste, puisqu'il est un Dieu qui vengera ses plaintes, aprés le témoignage de ma fidelité, tout l'Univers interessé vous adressera ses vœux, chacun en fera sa

reconnoiſſance ; & cette
reconnoiſſance ſera dans
leur cœur, de la durée de
leur vie; mes deſcendans la
continuëront, elle paſſera
dans les ſiecles ſuivans, &
les Cieux témoins de vos
graces en donneront la
connoiſſance aux Peuples
qui nous ſuccederont.

Pſeaume 26.

QUe dois-je craindre,
puiſque je ſuis con-
duit de la lumiere de vos
yeux : Adorable deffenſeur
de ma vie, rien ne me peut
étonner, la confiance que

j'ay en votre bonté, l'emporte sur la crainte que me donne la colere des hommes ; je trouve mon salut dans les moyens qui sont preparés à ma ruine ; tout favorise votre justice, & mes ennemis tombent de foiblesse sur la poussiere. Que je demeure eternellement dans le Temple où vous paroissés avec tous les ornemens de la gloire, les Cantiques seront les Hosties que je vous offriray ; que j'assiste à tous vos plaisirs ; que je sois caché dans votre cœur, & que le mien ne vive que de l'amour qu'il aura pour le votre.

Ecoutés, Seigneur, les hauts cris de ma voix, c'est mon cœur qui vous parle, & mes yeux qui vous recherchent ; regardés les, & vous rendés à leurs larmes : abandonné de la nature, & ma mere sans tendresse, vous m'avés recueilli ; je vois que moins j'espereray du monde, plus je recevray de vous; l'iniquité qui se propose de me détruire est trōpée de sa propre malice,

& elle éprouve sur elle même l'infidelité qu'elle preparoit contre moy ; attendés tout du Seigneur, adorés le en le servant, soyés ferme dans un si juste devoir, & répondés sous sa grace aux moyens qu'il employra à la conduite de votre salut.

II. NOCTURNE.

Pseaume 57.

VOus, Seigneur, dont la sainte & severe Justice, fait de sa colere une fureur, retenés vos coups;

& si vous avés à punir mon
peché , que ce ne soit pas
dans le temps que vous
estes irrité de son ingratitude ; vos fléches ont percé
mon cœur , & demeurent
attachées à la playe qu'elles
ont faite , pour y entrete-
nir la douleur : il semble
que vous vous fassiés un
plaisir de ma souffrance ,
& que la main qui m'a
frappé soit tombée sur
moy , toûjours animée de
la méme fureur. Enfin,
tout prend le parti de votre
Justice contre mon peché ;
& mes os sont devenus sen-

sibles, pour plaire à votre vengeance.

Courbé sous la douleur, abandonné de mes amis, seul avec le repentir d'un crime que je ne puis reparer ; je soupire , & n'ose esperer de votre misericorde : Seigneur , qui entendés le gemissement, devant qui les cœurs sont éten- dus , & qui voyés leurs desirs, ayés pitié de la souf- france ; mon ame est trou- blée, la vertu m'abandon- ne , mes yeux ne veulent plus me conduire , mes amis s'éloignent , & mes ennemis s'approchent : je m'humilie sous les affronts pour appaiser leur colere, mais la patience qui consomme mon innocence, éleve leur calomnie. Enfin, je me prepare au supplice, les tourmens suivent la presence assiduë que j'ay du peché qui les merite ; mais, Seigneur, j'espere en vous , & cette confiance me donne seule plus de constance , que la cruauté ne m'en peut ôter.

Pseaume 39.

J'Attends le Seigneur avec confiance, il s'est ressouvenu de moy, a écouté mes prieres, & m'a dégagé des abimes ; aujourd'huy ma vertu est affermie sur la dureté des Rochers, il adresse mes pas, & met un Cantique nouveau sur mes lévres ? Gloire au Dieu d'Israël, heureux celuy qui espere en son nom, & ne se fait pas une force de la trompeuse vanité.

Seigneur, rien n'est comparable à vos desseins, vous

n'avés

n'avés voulu ny sacrifices,
ny holocaustes , pour la
reparation du peché ; c'est
moy qui en suis destiné la
victime , pour vous être
une offrande agreable ; je
porte votre loy au milieu
de mon cœur , mes lévres
ne sont occupées que de
vos loüanges ; j'éleve votre
grandeur , & le sacrifice
consommé : rien ne sera
mieux connû dans les sié-
cles à venir que votre misericorde ; mais, Seigneur,
faites moy ressentir l'effet
des verités que je prens
pour ma conduite ; l'inju-

stice m'a deshonoré , les
hommes me persecutent ,
je suis abandonné de mon
propre cœur , jettés sur
moy ces yeux favorables,
qui portent le secours dans
leurs regards.

Pseaume 53.

SAuvés moy, Seigneur,
au nom de votre sainte
protection , & me jugés
par votre misericorde ;
l'usage vous en est glo-
rieux , elle semble vous
faire un merite , & si la
justice est votre inclination, la clemence vous fait

une vertu : écoutés donc
ma priere , distingués mes
paroles , & vous laissés
vaincre de mon humble
foiblesse ; je ne possede
qu'un cœur que la liberté
me donne , ce n'est que
par elle que je puis vous
offrir quelque chose qui
ne soit point à vous , je
vous le sacrifie, je n'ay rien
qui m'appartienne davan-
tage , ny de plus grand à
vous donner que luy ,
c'est tout ce que j'ay en
propre ; recevés le , Seigneur, je vous suis infini-
ment obligé de m'avoir

laissé à moy méme , pour
avoir de quoy me don-
ner à vous , & meriter
votre Eternité par mes of-
frandes ; mais où ne doit
on pas se porter pour un
Dieu , qui fait paroistre
dans ses bontés ce que la
toute puissance renferme
de grandeur , & donne à
mes yeux assés de forces
pour oser dedaigner leurs
ennemis.

III. NOCTURNE.

Pseaume 58.

SAuvés moy, Seigneur, de la cruauté de mes ennemis, & deffendés mon innocence ; j'ay passé la vie en combattant l'injustice, & suis exempt du crime dont je souffre les peines ; venés me secourir, Dieu des vertus, fidelle protecteur d'Israël, & si vous avés à favoriser quelqu'un, que ce ne soit pas le calomniateur qui porte le coûteau sur les lévres ;

pour moy je veux me soûmettre aux opprobres avec humilité, vous faire un sacrifice des forces dont je pourrois me deffendre, & tenir mon salut de votre misericorde. Signalés donc, Seigneur, cette haute protection, dissipés mes ennemis, & reprenés le pouvoir qu'ils tiennent de vos mains; qu'ils perissent sous l'orgueil qui leur fait sentir une fausse puissance, vous les effacerés de la vie, avec le crime qu'ils ont commis; quant au jour de la consommation le peché

finira sous votre colere, ils
periront comme le men-
songe , & ne leur restera
que la malediction & le
supplice, qui est le sort du
pecheur malheureux , qui
se convertit sur le soir.

Pseaume 8.

Dieu puissant , qui
pouvés me pardon-
ner , je soûpire le jour &
la nuit du regret de mon
pechés que mes tres-hum-
bles prieres paroissent devant votre misericorde,
mon ame est abatuë de tristesse, la mort va finir mes

jours ; sur le bord du Lac d'où l'on me precipite , je ne m'apperçois de la vie que par le repentir , la crainte & les douleurs que je souffre, le moment où je vis est celuy ou j'expire, & je ne suis distingué des morts, que parce que je ne suis que mourant.

Je sçay, mon Dieu, que sous la poussiére du tombeau & les sombres tenebres de la mort , on ne se ressouvient point de votre misericorde , la verité n'y sçauroit paroître , & c'est la terre de l'oubli où vos

faveurs font inconnuës: on
n'en revient jamais , la
main du Medecin eſt im-
puiſſante ſur les ſepulcres ,
ce ne ſera point ſon art qui
fera adorer votre pouvoir
en ces lieux , la priére que
je fais eſt pour prevenir un
tel beſoin ; je crois , Seigneur , que votre bonté
ne ſçauroit s'empêcher de
pardonner à celuy qui
ſous la couronne ſouffre
des outrages qui peuvent
mêler la honte avec la
gloire.

Pseaume 93.

LE Dieu de la vengean-
ce contente enfin sa
colere ; soyés honoré re-
doutable Juge de l'Uni-
vers, triomphés du peché,
& mettés l'orgueil à vos
pieds ; mais jusques à quand
les pecheurs regneront-ils
avec insolence ? ils ont affligé votre peuple , pillé
votre heritage, tué la veu-
ve, les enfans , & l'étran-
ger , croyans que le Dieu
de Jacob ne le sçaura pas.
Peuple insensé mourrés-
vous dans l'aveuglement ?

quoy celuy qui a donné
l'intelligence à l'oreille,
n'entendra point les plaintes & les cris; le Dieu qui
fait voir les yeux, ne verra
pas les crimes du pecheur,
& l'Autheur des sciences
ne pourra distinguer l'injustice? heureux l'homme,
Seigneur, qui sera conduit
de votre loy, jusqu'au temps
que son tombeau soit creusé, & que la Justice soit sa-
tisfaite; votre misericorde
le suivra, & vos consola-
tions plus sensibles que ses
douleurs donneront de la
joye à son cœur affligé.

SAMEDI.

I. Nocturne.

Pseaume 4.

LE Dieu qui protege
l'innocence, a écou-
té mes priéres, & m'a
fait sentir du plaisir dans
les maux que je souffre ;
enfans des hommes aurés
vous toûjours les inclinations basses ? dites moy,
pourquoy le cœur attaché
à la vanité vous cherchés
les plaisirs qui vous trom-
pent ; levés les yeux, vous

verrés que le Seigneur a
signalé la pureté de son
saint dans le tourment,
écouté ses desirs, mis son
cœur en repos, & fait
triompher sa patience.

Irrités vous contre le peché, cette colere est innocente, & plaist au cœur
qu'elle afflige; que la conscience fasse au Dieu of-
fensé un sacrifice de son
repentir, & quand le regret
l'aura vengé de l'orgueil,
esperés à sa bonté, votre
confiance sera heureuse,
Ostés moy ceux qui deman-
dent à voir les biens que

Dieu leur propose avant
que de les esperer ; ce qu'il
nous a donné est un gage
de ce qu'il nous promet ,
il a eu la bonté de prevenir
nos desirs , il ne manquera
pas à la confiance qu'il nous
donne , pour engager no-
tre cœur ; il a poussé ses
graces au dessus de ses promesses , & les hommes se
sont multipliés du bled, de
l'huile, & du vin, qui ne
leur étoient donnés que
pour subsister.

Mais cessons de douter,
la lumiére de son front est
imprimée sur le notre , ses

traits font une reſſem-
blance , & cette reſſem-
blance qui eſt animée de
ſa vie, fait ſentir au cœur
de la paſſion pour ſa felicité , avec une confiance
ſi ferme , qu'il trouve
dans ſon deſir les joyes de
la poſſeſſion.

Pſeaume 14.

SEigneur, qui peut eſpe-
rer de vivre dans le
Sanctuaire eternel , & de
s'élever ſur l'heureuſe montagne , que celuy qui s'y
preſentera ſans tache , le
cœur dégagé du peché, &

fidelle à ses promesses, car il n'y a que vos saintes loys qui ayent l'esprit de l'éterternité, où se forment les plaisirs, & d'où naist la constance.

Pseaume 15.

VOus me protegerés, Seigneur, puisque j'espere en vous ; ma confiance engage votre cœur & confirme le mien, vous presente incessamment à mes yeux, & vous met à ma droite. Que de joye dans mon ame, & que l'esprit est heureux d'oser esperer

esperer à la misericorde du
Dieu éternel, puisque les
graces, les biens, & les
plaisirs ne sont que dans
ses mains.

II. NOCTURNE.

Pseaume 24.

REconnoissons que la terre est au Seigneur, la masse de l'Univers, & les peuples qui l'habitent ; si elle peut être inondée de la mer, la mer dé-pend de sa puissance. Ce Dieu semble aimer les hommes de toute la force

de son être, & ne vouloir
pas que leurs plaisirs soient
distingués de ceux qui font
sa felicité. Qui est l'heureux qui s'élévera sur la
montagne, & reposera éter-
nellement dans les lieux
sanctifiés? celuy assurément
qui a l'intention droite, les
mains pures, & le cœur fidelle : tant de justice trou-
vera sa récompense, & il
sera du nombre de ceux qui
ont mérité la glorieuse presence du Dieu de Jacob.
Ouvrés donc les portes
éternelles, & le Dieu des
vertus, qui est le Dieu de la

gloire, y entrera, le Dieu
fort, le victorieux, & le
tout puissant dans les com-
bats.

Pseaume 29.

SEigneur, je me suis
plaind, & vôtre bonté
s'est déclarée en ma faveur :
elle a tiré mon ame des
enfers, puisqu'elle l'a dé-
gagée de la main de ceux
qui la descendoient dans
les profonds abimes du lac.
Chantés esprits dévoüés
aux plaisirs de la gloire, &
honorés les témoignages
qu'il a laissés de sa miséri-

corde: si sa colere porte la
mort avec elle, on trouve
la vie dans son amour.
Vous, Seigneur, qui joi-
gnés les forces à la vertu,
& donnés à la beauté ce
qui la rend agréable, be-
nissés le desir que j'ay de
vous servir.

Je veux vous honorer,
Seigneur, pendant que je
vis; quand je seray dans le
tombeau confondu avec la
poussiere, le sang inanimé
sans mouvement, sans cha-
leur, & sans vie, à la pos-
session des vers, indigne de
moy même, je n'oserois

m'offrir à votre puissance.
La mort ne vous fait point
de sacrifice : elle porte la
figure du peché, dont elle
est & l'effet & la peine ; la
cendre, qui en est la dé-
poüille, n'est point une
hostie qui vous plaise, &
la corruption ne dit rien
à vôtre gloire. Ecoutés
moy donc pendant que je
respire ; changés mes soupirs & mes plaintes en
actions de graces ; brisés
mon cilice ; que je vive de
l'éternité & de ses plaisirs,
& que ma felicité vous soit
une reconnoissance éter-

nelle des graces que je re-
çois de vôtre misericorde.

PASQUES.

*Pseaumes pour le Dimanche
de Pâques & de l'Octave.*

Pseaume I.

HEureux celuy qui ne
s'abandonne point
aux noirs sentimens de l'impieté, évite les voyes du pecheur, & ne se fait pas un
naturel des habitudes du
vice; qui est né juste, porte
dans son cœur les volontés
de Dieu unies aux siennes,

a pour son inclination la
justice que la loy luy com-
mande, & fait d'une sain-
te obeïssance les plaisirs du
jour & de la nuit. Seigneur,
vous benirés sa conduite;
& comme les arbres plan-
tés sur le cours des eaux
sa vertu produira des fruits
dans le temps : il ne tombera pas une feüille de cette plante arrosée, & toutes
ses actions recevront leur
récompense. Pecheur, vous
n'aurés pas un sort si heureux; comme la poussiere
que la tempête éléve dans
l'air vous disparoitrés à l'as-

semblée des justes, pour aller dans les abîmes de l'éternité ; vôtre vie subsistera des peines qui vous affligeront : & de tous les hommes il ne restera que les Saints que Dieu conserve dans son cœur ; parce que rien ne peut être que par les forces de son amour.

Pseaume 3.

SEigneur, que la passion de mes ennemis est cruelle ; ils disent à mon cœur affligé, qu'il ne doit pas attendre sa délivrance du Dieu qu'il aime ; mais

quand tous les hommes
conjureroient ma perte, ils
ne sçauroient me la faire
apprehender, car vous m'a-
vés promis de me secourir,
& le Ciel m'apprend que
vous êtes le Dieu de la victoire. J'éléve ma voix dans
cette confiance : je sens que
vous m'écoutés de la hau-
teur des saintes montagnes
qui vous éloignent de moy :
consolé de mon esperance,
j'ay l'ame tranquille sous les
miseres qui m'accablent.
Continués, Seigneur, d'é-
couter mes prieres, & de
proteger ma foiblesse :

vous estes mon Dieu, puisqu'il n'y a que vous qui
puissiés abbatre mes ennemis, insulter leur persécu-
tion, & benir mes prieres.

Pseaume 6.

SEigneur, vôtre colere
est une fureur ; n'atten-
dés pas je vous prie à me
punir, que vous soyés irrité : ressouvenés vous que
je tiens du crime de mon
pere celuy qui vous offense ; que sans avoir connû
son peché, il est entré dans
mon ame, a troublé mes
os & détruit mes forces,

Mais, Seigneur, la foiblesse
a toûjours quelque peu
d'innocence ; que cette
puissante misericorde qui
aime à pardonner, aye pitié
d'une malheureuse fragili-
té : tournés les yeux sur
moy, Seigneur; & ne differés plus à me secourir. On
vous oublie à la mort : on
ne vous peut invoquer dans
les enfers ; le temps de la
vie, que vôtre pitié a destiné au pardon, est incertain;
& je n'implore vos graces,
que pour me faire ressen-
tir plus amerement le re-
gret de mon peché, redou-

bler mes soupirs, & arroser
la terre de mes larmes; que
ce pardon vous sera glo-
rieux, qui vous fera triompher de la proye des enfers.

Pseaume 7.

SEigneur, pour vous
assurer de mon amour,
je me contente de vous
dire, que j'espere tout de
vôtre misericorde ; car je
ne puis vous donner un témoignage plus fidelle de
l'attache de mon cœur,
que celuy qui paroîtra dans
ma confiance ; mais decla-
rés vous promptement, Sei-

gneur, parce que si mes ennemis me trouvent aban-
donné de vous, je demeu-
reray exposé à leur colere,
comme la proye à la fureur
des Lions. Si l'injustice &
le sang étoient dans les
mains qu'éleve ma priere,
ou que je me fusse vangé
de l'offenseur, je ne meri-
terois pas la grace que j'au-
rois refusée aux outrages
qu'on m'a faits ; je vous di-
rois, Seigneur, détruisés
moy, que mon nom soit
enseveli avec mes os sous
la poussiere, faites éclater
cette colere qui ne paroît

qu'aux grands jours, & vangés vôtre loy deshono-rée à la vûë de tous les hom-mes : je sçay que c'est pour contenter vôtre impitoya-ble justice, que vous re-tournés aux hauts lieux, & que dés à present tout est preparé dans la nature au jour de la mort, le lac ardent ouvert, & le puy creusé dans l'abîme. En cet effroyable moment jugés moy selon le peu d'inno-cence qui m'est restée des ravages du peché ; épargnés ce miserable debris de la nature, qui porte encore le

caractere de vôtre main, &
je beniray à jamais le nom
du Dieu qui sçait pardon-
ner, & souffrir qu'on l'offense.

Pseaume 8.

SEigneur, votre magni-
ficence s'étend depuis
le centre du monde jusques
au plus haut des Cieux ; elle
est attachée à vos mains, il
s'en trouve dans la medio-
crité méme ; & rien ne peut
sortir de vôtre esprit, qui
n'ayt de la grandeur. Vous
vous ressouvintes, Sei-
gneur, de la dignité de

vos creatures, quand vous
fites l'homme ; ç'a esté
pour honorer la dépendan-
ce qu'elles ont de luy,
que vous avés daigné le
couronner de la gloire,
& faire une souveraineté
de la puissance qu'il a sur
elles : mais son sort n'est
pas plus absolu pour être
plus élevé. Cet homme re-
gnant sur l'Univers avec sa
couronne, est toûjours votre esclave, vous le détruisés quand il vous plaist, sa
vie dépend de vous, & vô-
tre ennemi comme vôtre
creature, vous êtes toûjours
& son

& son Dieu & son maître;
enfin rien ne peut être se-
paré de vous; ce qui nous
vient de vôtre bonté re-
tourne à elle par la reconnoissance que nous luy de-
vons; toute la nature se sacrifie, chaque creature de-
vient une victime, & l'homme méme, pour qui tout
est fait, ne vit que pour vôtre gloire. Que vôtre grandeur est terrible, elle épui-
se mon esprit: mais si mes
forces ne fournissent pas
à mes desirs, recevés, Seigneur le culte que je dois
à vôtre infinité de l'ad-

miration que j'ay pour elle.

Pseaume 9.

SEigneur, je veux publier vos grandeurs, honorer votre nom, & ne recevoir le plaisir que des services que je vous rendray : car, mon Seigneur, vous avés reduit mes ennemis, ils ont peri sous la fureur qui les animoit, & leur nom est effacé de la memoire des hommes : qu'il vous est glorieux, Seigneur, d'être le refuge du foible, & le protecteur de

l'innocence. Peuple reſervé
invoqués le ſans crainte;
l'impie abandonné de luy
perit; il écoute la ſouffrance de ceux qui le ſervent,
& ſe reſſouvient de leur
ſang verſé. Ayés pitié, Seigneur, de l'humilité qui
ſort de la confuſion du peché que je deteſte, & vous
faites une gloire de la confiance que j'ay à vôtre miſericorde: vous m'avés dé-
fendu contre la mort, &
retiré des portes de l'enfer: n'oubliés pas un miſé-
rable qui ſouffre, couron-
nés ſa patience; affligés les

pecheurs orgueilleux, qu'ils apprennent dans leur foiblesse la dépendance qu'ils ont de vôtre pouvoir, & traversés leur passion, depeur que le succés ne les confirme dans l'injustice, & que le vice ne soit honoré de la gloire que merite la vertu.

Pseaume 12.

SEigneur, jettés les yeux sur moy, vos regards portent l'amour & la lumiere avec eux ; & pour vous connoître & vous aymer, c'est assés d'être l'ob-

jet de vos yeux ; je sçay
qu'ils sont attachés sur le
pauvre, & qu'ils luy sont
signe de s'approcher de vôtre misericorde : tournés les
de mon côté, & éclairés
mon esprit d'une grace si
vive, que la mort même ne
me puisse ôter le ressenti-
ment que j'en dois avoir.
Je le veux esperer, Sei-
gneur ; telle presomption
est toûjours salutaire, elle
vous plait, engage vôtre
cœur ; & la confiance qu'on
a en vous, ne venant que
de vous, me paroît un gage
si fidelle de vôtre volonté,

que je crois avoir tout ce
qu'elle m'inspire de vous
demander ; elle m'ôte la
crainte & la défiance, &
rien ne sçauroit plus m'o-
bliger à fuir devant vôtre
colere, ny à douter de vos
graces.

Pseaume 13.

SAuvés moy, Seigneur,
je ne puis resister da-
vantage aux surprises du
peché ; le Saint méme s'é-
gare, les voyes du salut
sont inconnuës ; les hom-
mes mettent la force de la
verité dans la parole, &

croyent qu'ils donnent le
mouvement à leurs levres :
la presomption est la divi-
nité qu'ils suivent, l'impieté paroît dans toutes
leurs passions, & il n'y en
a aucune, dont vous ne
soyés méconnu ou méprisé.
Enfin, Seigneur, l'ingrate
creature a decliné de sa fin;
& faite pour vous servir,
elle vous est inutile ou re-
belle; il n'y a que de l'im-
precation, du blasphéme, &
de l'amertume dans sa bouche; le sepulchre a moins
d'horreur que le fonds de
son cœur; tous ses mouve-

mens sont criminels; elle n'avance que pour répandre le sang, elle suit les voyes qui donnent le regret, & ne connoît point celle de la paix. C'est à la crainte de Dieu de nous conduire heureusement, on trouve le repos avec la justice, car la conscience n'est agitée que du crime; il n'est point d'effroy pour l'innocence, & il n'appartient qu'à Jacob d'avoir le cœur tranquille, & à Israël de se repentir avec consolation.

Pseaume 17.

SEigneur, les douleurs font entrées dans mon cœur, elles me font sentir la mort, & me conduisent cruellement au tombeau, épouventé des horreurs de l'enfer : vôtre presence offensée, qui va paroître pour se vanger du peché, acheve de m'effrayer ; les Cieux s'inclinent pour vous descendre, vous estes porté des esprits, vous volés au dessus des vents, les nuës se retirent d'une approche si glorieuse, & l'éclat qui vous environne fait un trône du lieu où vous êtes. Pecheur malheureux, je vois à ma confusion la terre trembler sous vos pieds, & les montagnes tomber dans le sein de la terre, le Soleil paroître moins qu'une Etoille, & toute la nature s'abaisser devant le Dieu infini : il n'y aura plus de justification, vous punirés cruellement la dureté, votre presence m'affligera, le feu qui fera mon supplice s'échaufera de votre colere ; vous n'aurés que les fiers ornemens de la terreur ; & pour animer l'éternité de mes jours il ne me restera de toutes les passions de cette vie que la honte, le repentir, & la douleur.

Pseaume 18.

ECoutés, Seigneur, la voix de l'innocence, & la priere que je vous fais d'une levre sincere; vous avés éprouvé mon cœur, vous m'avés veu dans les secretes confidences de la nuit, je ne puis déguiser mon peché, vous portés la verité dans les yeux, & je seray jugé de vos regards.

Mais, Seigneur, j'ay essuyé
de dures loix pour la fidelité que je dois à vos paroles : confirmés mon obeïs-
fance, rendés moy constant
dans les voyes que vous
m'avés marquées ; triom-
phés du peché par la grace ;
& pour signaler vôtre mi-
fericorde, pardonnés à ceux
qui ne le meritent pas. C'est
à la bonté du Dieu vivant
de paroître, il fera plus honoré de la reconnoissance
que merite son pardon,
que des peines que fa van-
geance nous fera souffrir.

Pseaume 19.

SEigneur, un jour nous represente l'autre, & dans la nuit nous voyons les tenebres de celle qui la suit; ainsi la beauté du Ciel rend témoignage à la vôtre: la lumiere des Astres qui le remplissent, n'est qu'un trait de celle qui vous environ-ne; chaque creature parle de votre grandeur, & le bruit que fait son discours, est entendu de toutes parts: mais le Seigneur est sorti de l'Empirée, il paroît en personne, & repose dans le

Soleil ; là revêtu de rayons il est porté par tout l'Univers, son trône au centre de la lumiere, caché de la splendeur qui nous éblouit, & de ces voiles éclatans qui le laissent admirer, & ne permettent jamais de le voir.

Pseaume 20.

QUe le Seigneur regarde nos pitoyables tristesses, & que le saint nom du Dieu de Jacob protege nos afflictions, qu'il nous envoye son secours des lieux saints, & que de la hauteur des montagnes

de Sion il nous deffende
contre l'orgueil ; qu'il se
ressouvienne du nombre de
nos sacrifices, & que nos
victimes luy paroissent
grasses, afin qu'il remplisse
nos cœurs de benediction,
favorise nos desirs, & donne de la vigueur à nos foibles resolutions. Il n'est de
grandeur au monde que la
sienne, les Roys subsistent
par sa droite ; & si les forces de la terre sont pour
eux, c'est luy qui donne les
forces à la terre. Rien enfin
n'est assuré que sa protection, & nous voyons tous

les jours la presomption
trompée, l'orgueil abaissé,
& l'humilité victorieuse.
Mais, Seigneur, sauvés le
Roy, vous nous l'avés donné grand & heureux, & de
ses vertus nous tenons la
victoire, la justice, & la
paix : conservés nous ce que
vous nous avés rendu si
cher ; ne differés point,
Seigneur, écoutés nos
vœux au moment que
nous vous invoquons, &
que le zéle pressant qui
vous exprime la force de
nos desirs, vous rende nos
prieres agreables.

LAUDES

LAUDES.
Pseaume 92.

LA puissance de Dieu veut se faire adorer : & pour paroître le Seigneur du Monde, il s'est paré de la beauté, & armé de la force. Regnés, adorable Seigneur, vous avés achevé vôtre ouvrage, la terre est affermie, vôtre éternité reconnuë, & le trône preparé, d'où vous dévés commander à l'Univers : tout a de la voix pour publier votre gloire. Caché sous les impenetrables voiles de l'infi-

G

nité, les creatures vous con-
noissent & vous louent ; le
bruit est leur Cantique, &
c'est ce qu'on entend des
eaux, quand les mers sont
agitées.

Vous paroissés, Seigneur,
dans les hauteurs de la mer,
des Cieux, & des monta-
gnes ; tout ce qui est élevé
est propre à vous faire connoître ; & pour que rien
ne manque à un si juste
éclaircissement, vous avés
joint aux temoignages que
chaque creature rend de
votre gloire, la force de
nous en convaincre.

Pseaume 99.

PEuples qui habités la terre, servés le Seigneur avec joye, & vous
presentés devant ses yeux
le cœur penetré des plai-
sirs de le servir ; portés vous
à l'honorer, entrés dans le
sanctuaire, & reverés son
saint nom; sa misericorde
vous offre à tout moment
le salut que vous méprisés,
& vous ne voyés pas que
sa justice le vengera de vôtre ingratitude dans les
temps infinis de l'éternité.

Pseaume 62.

SEigneur mon Dieu, je
ne suis occupé que de
vous; mais si mon ame sa-
tisfaite soupire toûjours
aprés vôtre bonté, que peut
faire un cœur languissant
sous la misere? Que j'ay de
joye à loüer vôtre glorieuse bonté; je ne veux plus
vivre que pour vous hono-
rer, & je pretends que toutes mes actions soient ani-
mées de la reconnoissance
que je vous dois.

En vain, Seigneur, le
puissant ennemy s'efforcera

de me détruire, si vous me protegés : vous conduisés les Astres, & celuy qui pensera vous resister tombera dans le creux du tombeau sacrifié sous le couteau, ou devoré des bêtes. Que Dieu aye pitié de nous, & benisse nôtre conduite; qu'il sorte une clarté de ce front couronné de lumiere, qui nous decouvre les traces inconnuës de son esprit, & les saintes voyes que les nations doivent suivre pour leur salut; enfin que tous les hommes adorent la plenitude de sa force, la terre jette des fruits, le Soleil nous éclaire; donnés moy un cœur formé de vôtre main pour la reconnoiffance de cette mifericorde infinie qui pouffe fes graces d'un bord du Monde à l'autre.

BEniffés le Seigneur, ouvrages de fa main, honorés fa magnificence, & élevés fa grandeur au deffus de la gloire; que les Cieux, les Anges & les Vertus, le Soleil & les Aftres, la rofée & la pluye, la grêle,

la neige & les frimats, la
nuit & le jour, les montagnes & les colines, les plai-
nes & les valons, la fou-
dre & le tonnerre, la mer,
les fleuves & les fontaines,
tout ce qui vit dans les
eaux, ou germe sur la terre
le benisse, qu'Israël adore
sa bonté. Et vous Prêtres
devoüés au Tabernacle,
peuple choisi, occupé du
sacré ministere, benissés
l'infinité du Dieu qui vous
a creé. Esprits divins, ames
justes, cœurs humbles sanctifiés de son amour, loüés

à tous momens le Dieu que
vous devés servir.

Pseaume 149.

ESprits contens de fe-
licité & de gloire,
Anges, Vertus, Etoilles des
Cieux les plus élevées loüés
le Seigneur ; vous êtes les
enfans de sa parole, sortis de
l'obeïssance du neant ; son
empire est doux, les loix
qu'il vous a données ne
sont point differentes des
inclinations qui vous doivent conduire ; vos volontés sont unies aux siennes,
& vous trouvés le plaisir

dans la soumission que vous
avés pour luy. Honorés le
Seigneur du fond des ele-
mens antres, serpens, abîmes; & vous esprits de fureur qui poussés la tempête, orages qui faites ses
volontés, montagnes, plan-
tes, cedres & forests, bêtes, dragons, oyseaux adorés vôtre Dieu. Princes de
la terre, Juges de nos vies
soumettés vous à sa loy,
vous portés son nom, joi-
gnés l'humilité à la force,
& ne vous parés pas de l'orgueil qui le dedaigne; mais
que toute creature le re-

vere, que les Hymnes &
les Cantiques raisonnent
sans cesse dans la bouche
des fils de Jacob, qu'Israël
mêle sa joye à la Fête per-
petuelle de l'Univers, &
que les enfans de la Sainte
Jerusalem celebrent le nom
d'un Dieu aimable, qui met
son plaisir à favoriser ses
peuples, & peut de la mê-
me grace, dont il soutient
l'humble dans sa foiblesse,
l'élever dans les Cieux.